Identificar la idea principal

La **idea principal** es la idea más importante de la lectura.

Los **detalles** nos dicen:

- quién
- qué
- cuándo
- por qué
- dónde
- cómo

En el parque

Lada J. Kratky

Hay una resbaladera.

Hay columpios.

Hay un subibaja.

Hay bicicletas.

Hay una pelota.

Hay una cuerda.

Hay un puente.

¡Hay muchos amigos!

En el parque
ISBN: 978-1-68292-529-4

© Del texto: 2017, Lada Josefa Kratky
© De esta edición:
2021, Vista Higher Learning, Inc.
500 Boylston Street, Suite 620.
Boston, MA 02116-3736
www.vistahigherlearning.com

Dirección editorial: Isabel C. Mendoza
Edición: Ana I. Antón
Dirección de arte y producción: Jacqueline Rivera
Montaje: Gráfika LLC

Imágenes: Cubierta: Jordan Parks Photography / Getty Images; pág. 5: skynesher / Getty Images; pág. 6: Emma Kim / Getty Images; pág. 7: Sally Anscombe / Getty Images; pág. 8: Stefan Cioata / Getty Images; pág. 9: ArtMarie / Getty Images; pág. 10: BraunS / Getty Images; pág. 11: skynesher / Getty Images; págs. 12-13: bowdenimages / Getty Images; págs. 14-15: whiteisthecolor / Getty Images

Todos los derechos reservados.
Esta publicación no puede ser reproducida, ni en todo ni en parte, ni registrada en o transmitida por un sistema de recuperación de información, en ninguna forma ni por ningún medio, sea mecánico, fotoquímico, electrónico, magnético, electroóptico, por fotocopia o cualquier otro, sin el permiso previo, por escrito, de la editorial.

Published in the United States of America.

1 2 3 4 5 6 7 8 9 GP 26 25 24 23 22 21

Aquí acaba este libro
escrito, ilustrado, diseñado, editado, impreso
por personas que aman los libros.
Aquí acaba este libro que tú has leído,
el libro que ya eres.